Xayawaanka

Aargoosato
Lobster

Aboor
Termite

Ari
Goat

Ayax
Locust

Bakaylo
Rabbit

Balanbaalis
Butterfly

Baranbaro
Cockroach

Bisad
Cat

Caaro
Spider

Carsaanyo
Crab

Daa'uus
Peacock

Daanyeer
Monkey

Dabagaalle
Squirrel

Dameer
Donkey

Dameer farow
Zebra

Dawaco
Fox

Deero
Deer

Dhiqle(kutaan)
Bedbug

Dibi
Bull

Digaag(dooro)
Chicken

Diin diin
Tortoise

Doofar
Pig

Eey
Dog

Faras
Horse

Fiidmeer
Bat

Geel
Camel

Geri
Giraffe

Gorgor
Eagle

Goroyo
Ostrich

Guumaysi
Owl

Haramacad
Leopard

ido
Sheep

Jeer
Hippopotamus

Jiir
Mouse/rat

Kallun(malay)
Fish

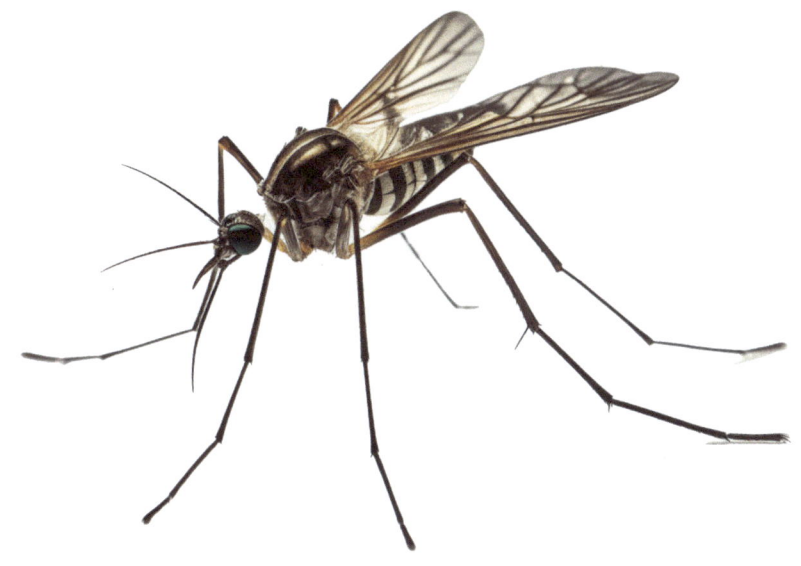

Kaneeco
Mosquito

Libaax
Lion

Maroodi
Elephant

Mas(abeeso)
Snake

Nibiriga
Whale

Qoolley
Pigeon

Quraanjo
Ant

Rah
Frog

Shabeel
Tiger

Shimbir
Bird

Shinni
Bee

Tuke
Crow

Wan
Ram

Waraabe
Hyena

Wiyil
Rhino

Yaxaas
Crocodile

B	ba	ب
T	ta	ت
J	ja	ج
X	xa	ح
KH	kha	خ
D	da	د
R	ra	ر
S	sa	س
SH	sha	ش
DH	dha	ذ
C	ca	ع
G	ga	گ
F	fa	ف
Q	qa	ق
K	ka	ك
L	la	ل
M	ma	م
N	na	ن
W	wa	و
H	ha	ه
Y	ya	ي

www.ingramcontent.com/pod-product-compliance
Lightning Source LLC
Chambersburg PA
CBHW040003110526
44587CB00001BA/34